AF188460

Impressum
Verlag: BABADADA GmbH, Nedderfeld 112 , 22529 Hamburg
Geschäftsführer / Verlagsleitung: Harald Hof
Druck: Books on Demand GmbH, In de Tarpen 42, 22848 Norderstedt

Imprint
Publisher: BABADADA GmbH, Nedderfeld 112 , 22529 Hamburg, Germany
Managing Director / Publishing direction: Harald Hof
Print: Books on Demand GmbH, In de Tarpen 42, 22848 Norderstedt

school
l'école

classroom
la salle de classe

divide
diviser

186/2

board
le tableau noir

school yard
la cour de récréation

teacher
l'enseignant

paper
le papier

write
écrire

pen
le stylo

desk
le bureau

ruler
la règle

book
le livre

pupil
l'élève

satchel
le sac d'école

pencil case
la trousse

pencil
le crayon

pencil sharpener
le taille-crayon

rubber
la gomme

drawing pad
le carnet à dessin

drawing

le dessin

paintbrush

le pinceau

paint box

la boîte de peinture

scissors

les ciseaux

glue

la colle

exercise book

le cahier d'exercices

homework

les tâches

number

le chiffre

add

additionner

subtract

soustraire

multiply

multiplier

calculate

calculer

letter

la lettre

alphabet

l'alphabet

word

le mot

text

le texte

read

lire

chalk

la craie

lesson

la leçon

register

le livre de classe

exam

l'examen

certificate

le certificat

school uniform

l'uniforme scolaire

education

la formation

encyclopedia

le lexique

university

l'université

microscope

le microscope

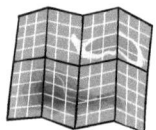

map

la carte

waste-paper basket

la corbeille à papier

school - l'école

travel
le voyage

Grand
hotel
l'hôtel
hostel
l'auberge
ROOMS
CHANGE
bureau de change
le bureau de change
car
la voiture

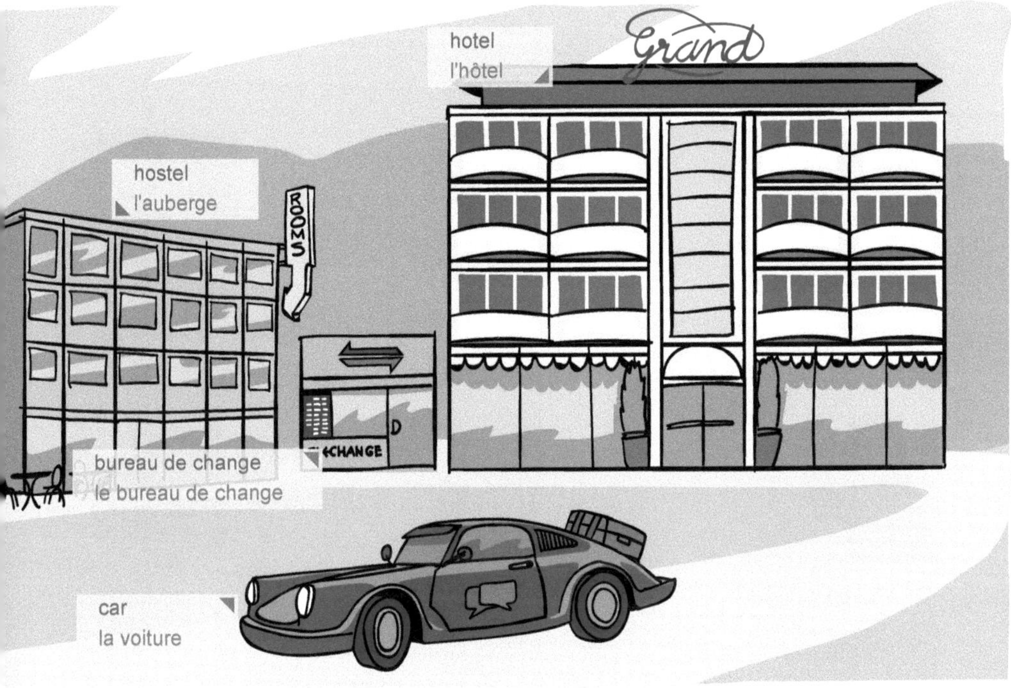

language

la langue

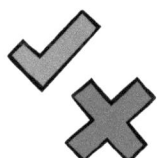

yes / no

oui / non

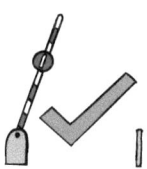

Okay

d'accord

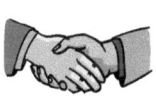

hello

Salut

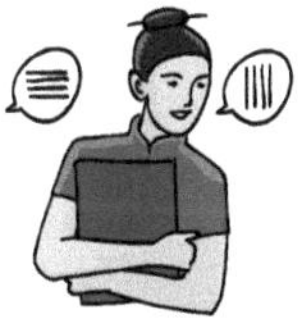

translator

l'interprète

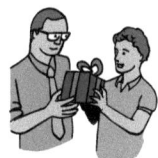

Thank you

merci

how much is...?

Combien coûte...?

I do not understand

Je ne comprends pas

problem

le problème

Good evening!

Bonsoir!

Good morning!

Bonjour!

Good night!

Bonne nuit!

bye bye

Au revoir

direction

la direction

luggage

les bagages

bag

le sac

backpack

le sac-à-dos

guest

l'hôte

room

la pièce

sleeping bag

le sac de couchage

tent

la tente

travel - le voyage

tourist information

l'office de tourisme

beach

la plage

credit card

la carte de crédit

breakfast

le petit-déjeuner

lunch

le déjeuner

dinner

le dîner

ticket

le billet

lift

l'ascenseur

stamp

le timbre

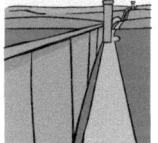

border

la frontière

customs

la douane

embassy

l'ambassade

visa

le visa

passport

le passeport

travel - le voyage

transport

le transport

aeroplane
l'avion

ship
le navire

fire engine
le véhicule de pompiers

truck
le camion

bus
le bus

otorboat
bateau à moteur

car
la voiture

bike
la bicyclette

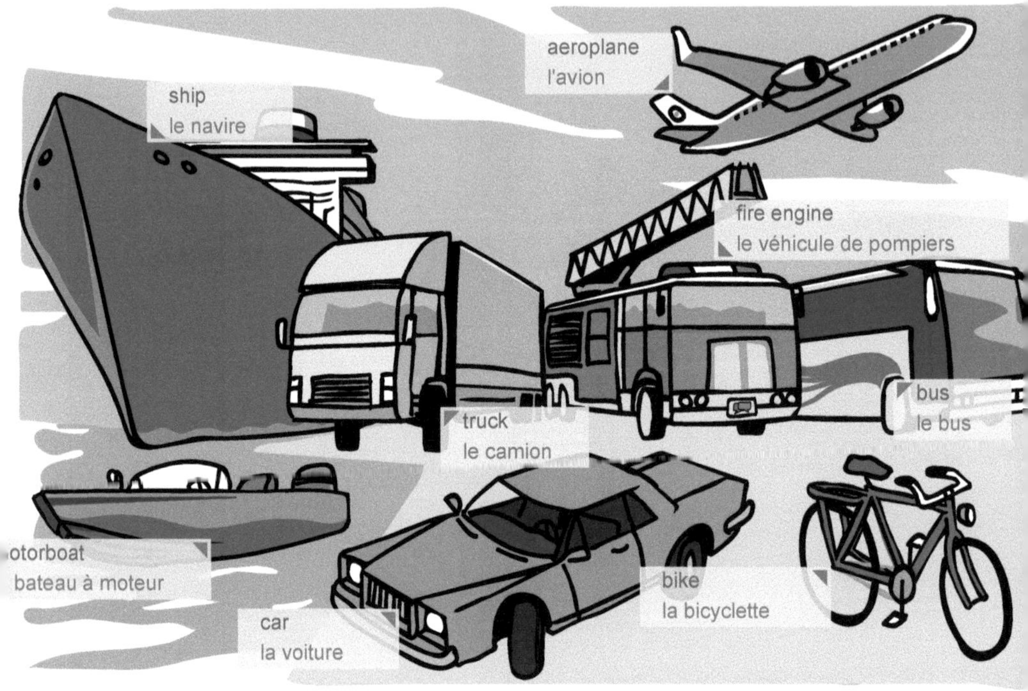

ferry

le ferry

boat

la barque

motorbike

la moto

police car

la voiture de police

racing car

la voiture de course

rental car

la voiture de location

8   transport - le transport

car sharing
l'autopartage

breakdown truck
la dépanneuse

refuse truck
la benne à ordures

motor
le moteur

fuel
l'essence

petrol station
la station d'essence

traffic sign
le panneau indicateur

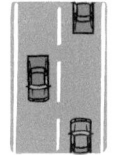

traffic
le trafic

traffic jam
l'embouteillage

car park
le parking

train station
la gare

tracks
les rails

train
le train

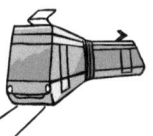

tram
le tram

carriage
le wagon

helicopter

l'hélicoptère

airport

l'aéroport

tower

la tour

passenger

le passager

container

le container

carton

le carton

cart

le chariot

basket

la corbeille

take off / land

décoller / atterrir

city

la ville

village

le village

city centre

le centre-ville

house

la maison

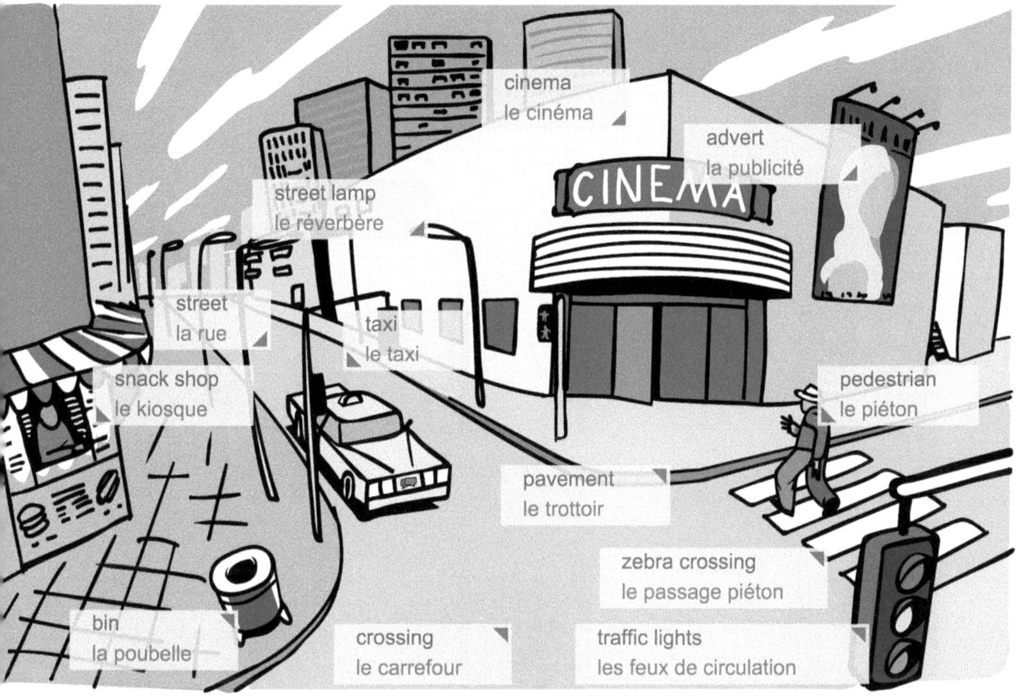

cinema
le cinéma
CINEMA
advert
la publicité
street lamp
le réverbère
street
la rue
taxi
le taxi
snack shop
le kiosque
pedestrian
le piéton
pavement
le trottoir
zebra crossing
le passage piéton
bin
la poubelle
crossing
le carrefour
traffic lights
les feux de circulation

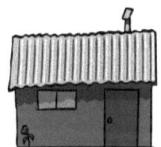

hut

la cabane

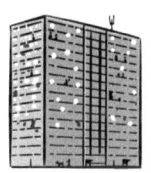

flat

l'appartement

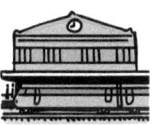

train station

la gare

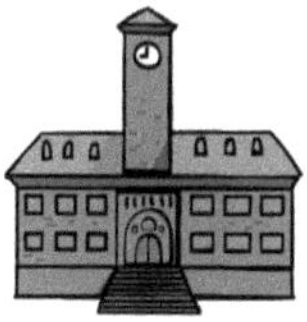

town hall

la mairie

MUSEUM

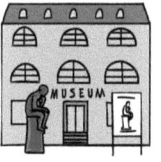

museum

le musée

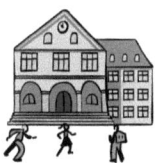

school

l'école

university
l'université

bank
la banque

hospital
l'hôpital

hotel
l'hôtel

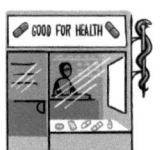

pharmacy
la pharmacie

office
le bureau

book shop
la librairie

shop
le magasin

florist's
le fleuriste

supermarket
le supermarché

market
le marché

department store
le grand magasin

fishmonger's
la poissonnerie

shopping centre
le centre commercial

harbour
le port

city - la ville

park

le parc

bench

la banque

bridge

le pont

stairs

les escaliers

underground

le métro

tunnel

le tunnel

bus stop

l'arrêt de bus

bar

le bar

restaurant

le restaurant

postbox

la boîte à lettres

street sign

le panneau indicateur

parking meter

le parcomètre

zoo

le zoo

swimming pool

le réverbère

mosque

la mosquée

city - la ville

farm
la ferme

pollution
la pollution

graveyard
le cimetière

church
l'église

playground
l'aire de jeux

temple
le temple

landscape
le paysage

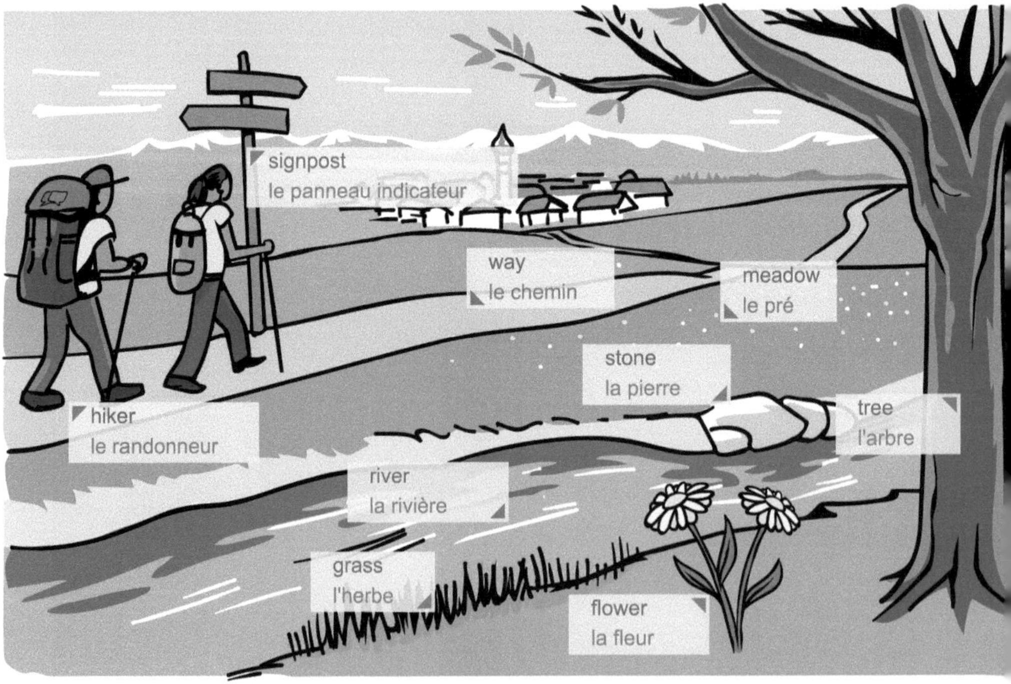

signpost
le panneau indicateur

way
le chemin

meadow
le pré

stone
la pierre

tree
l'arbre

hiker
le randonneur

river
la rivière

grass
l'herbe

flower
la fleur

valley

la vallée

hill

la montagne

lake

le lac

forest

la forêt

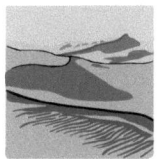

desert

le désert

volcano

le volcan

castle

le château

rainbow

l'arc-en-ciel

mushroom

le champignon

palm tree

le palmier

mosquito

le moustique

fly

la mouche

ant

les fourmis

bee

l'abeille

spider

l'araignée

landscape - le paysage

beetle

le scarabée

frog

la grenouille

squirrel

l'écureuil

hedgehog

le hérisson

hare

le lapin

owl

la chouette

bird

l'oiseau

swan

le cygne

boar

le sanglier

deer

le cerf

moose

l'élan

dam

le barrage

wind turbine

l'éolienne

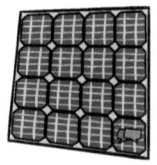

solar panel

le panneau solaire

climate

le climat

restaurant
le restaurant

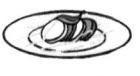

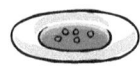

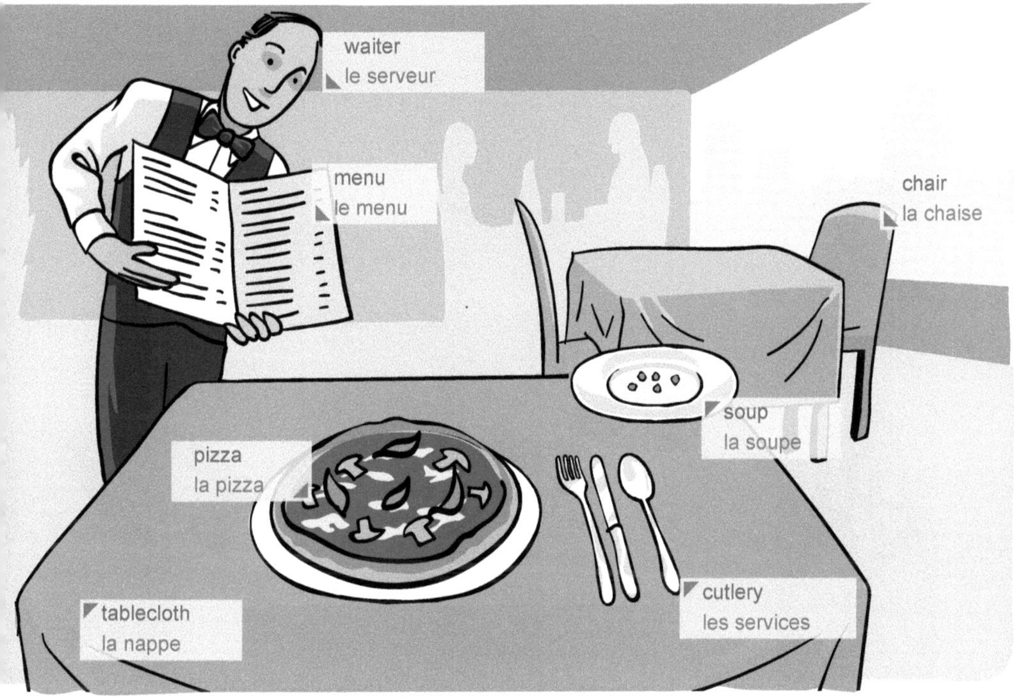
waiter
le serveur
menu
le menu
chair
la chaise
soup
la soupe
pizza
la pizza
cutlery
les services
tablecloth
la nappe

starter

les hors d'œuvre

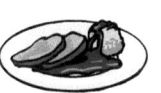

main course

le plat principal

dessert

le dessert

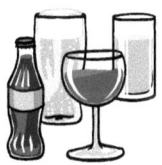

drinks

les boissons

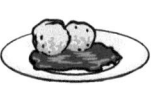

food

l'alimentation

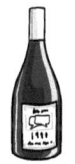

bottle

la bouteille

fast food

le fast-food

street food

les plats à emporter

teapot

la théière

sugar bowl

le sucrier

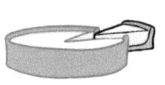

portion

la portion

espresso machine

la machine à expresso

high chair

la chaise haute

bill

la facture

tray

le plateau

knife

le couteau

fork

la fourchette

spoon

la cuillère

teaspoon

la cuillère à thé

serviette

la serviette

glass

le verre

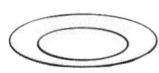

plate

l'assiette

soup plate

l'assiette à soupe

saucer

la soucoupe

sauce

la sauce

salt pot

la salière

pepper mill

le moulin à poivre

vinegar

le vinaigre

oil

l'huile

spices

les épices

ketchup

le ketchup

mustard

la moutarde

mayonnaise

la mayonnaise

supermarket
le supermarché

special offer
l'offre promotionnelle
FOR
customer
le client
dairy
les produits laitiers
fruit
les fruits
trolley
le caddie

BUTCHERS

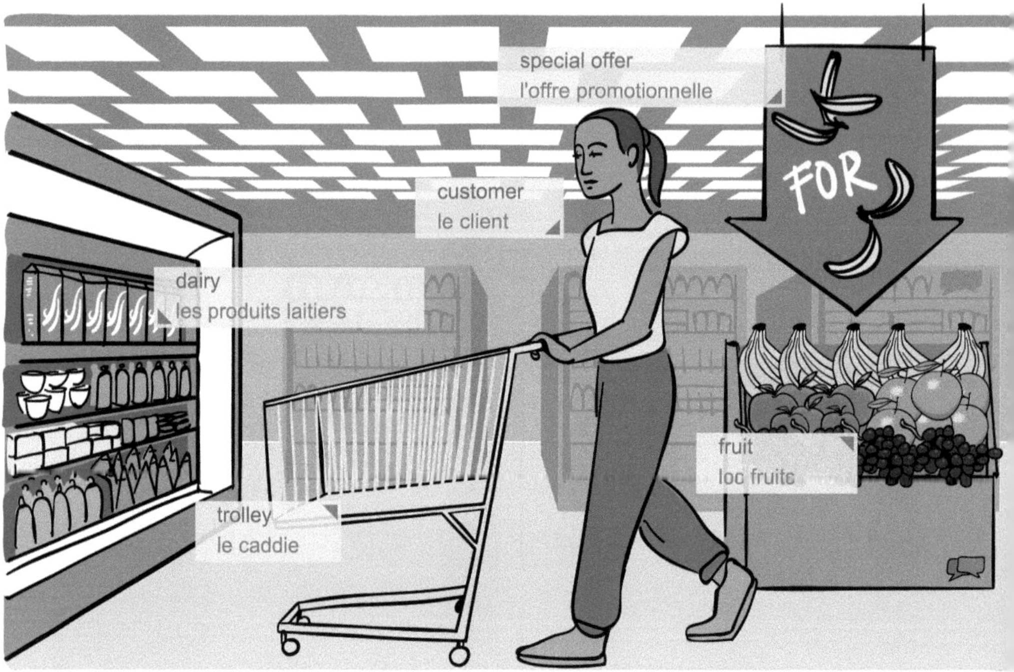

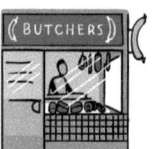

butcher´s

la boucherie

BAKERY

baker´s

la boulangerie

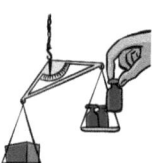

weigh

peser

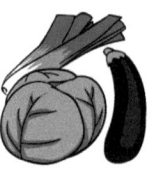

vegetables

les légumes

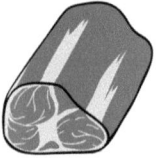

meat

la viande

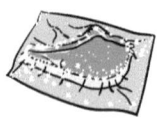

frozen food

les aliments surgelés

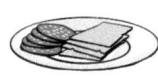

cold meat

la charcuterie

tinned food

les conserves

washing powder

la poudre à lessive

sweets

les bonbons

household products

les articles ménagers

cleaning products

les détergents

salesperson

la vendeuse

till

la caisse

cashier

le caissier

shopping list

la liste d'achats

opening hours

les heures d'ouverture

wallet

le portefeuille

credit card

la carte de crédit

bag

le sac

plastic bag

le sac en plastique

les boissons

water
....
l'eau

juice
....
le jus de fruit

milk
....
le lait

coke
....
le coca

wine
....
le vin

beer
....
la bière

alcohol
....
l'alcool

cocoa
....
le chocolat chaud

tea
....
le thé

coffee
....
le café

espresso
....
l'expresso

cappuccino
....
le cappuccino

banana

la banane

apple

la pomme

orange

l'orange

melon

le melon

lemon

le citron

carrot

la carotte

garlic

l'ail

bamboo

le bambou

onion

l'oignon

mushroom

le champignon

nuts

les noisettes

noodles

les pâtes

spaghetti

les spaghettis

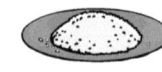

rice

le riz

salad

la salade

chips

les frites

fried potatoes

les pommes de terre rôties

pizza

la pizza

hamburger

le hamburger

sandwich

le sandwich

cutlet

l'escalope

ham

le jambon

salami

le salami

sausage

la saucisse

chicken

le poulet

roast

le rôti

fish

le poisson

porridge oats

les flocons d'avoine

muesli

le muesli

cornflakes

les cornflakes

flour

la farine

croissant

le croissant

bread roll

les petits-pains

bread

le pain

toast

le pain grillé

biscuits

les biscuits

butter

le beurre

curd

le fromage blanc

cake

le gâteau

egg

l'œuf

fried egg

l'œuf au plat

cheese

le fromage

ice cream

la glace

sugar

le sucre

honey

le miel

jam

la confiture

chocolate spread

la crème nougat

curry

le curry

farm

la ferme

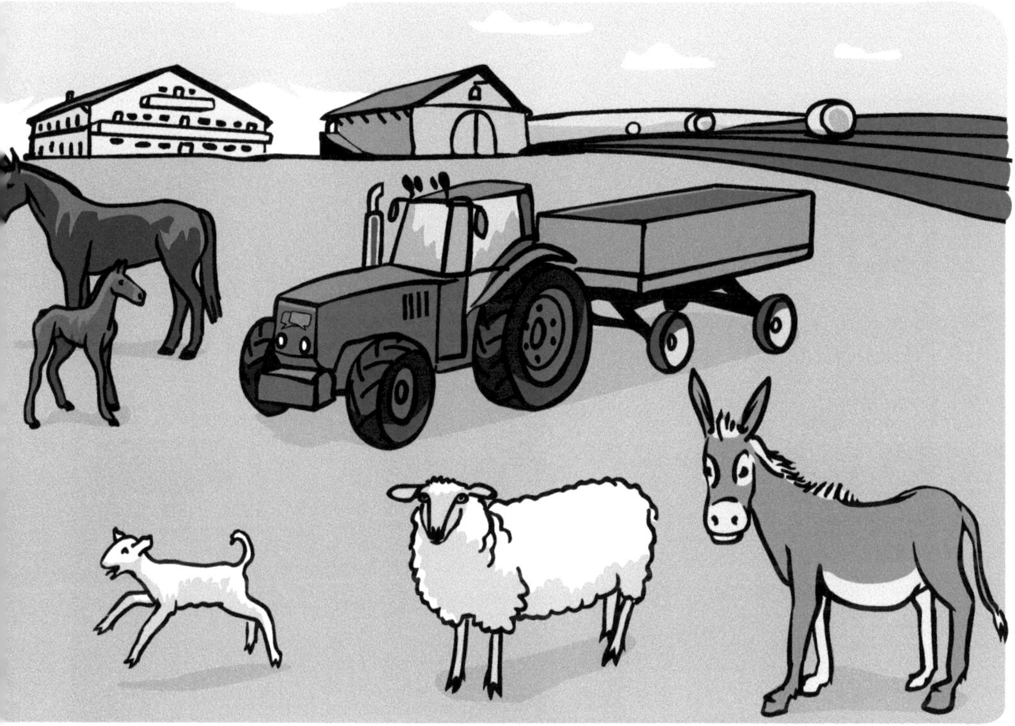

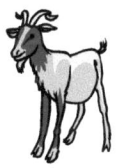

goat

la chèvre

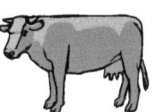

cow

la vache

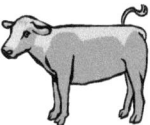

calf

le veau

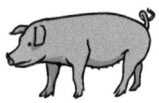

pig

le porc

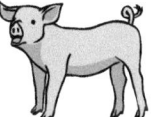

piglet

le porcelet

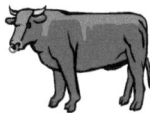

bull

le taureau

goose

l'oie

duck

le canard

chick

le poussin

hen

la poule

cock

le coq

rat

le rat

cat

le chat

mouse

la souris

ox

le bœuf

dog

le chien

doghouse

le chenil

garden hose

le tuyau de jardin

watering can

l'arrosoir

scythe

la faucheuse

plough

la charrue

sickle

la faucille

hoe

la pioche

pitchfork

la fourche

axe

la hache

wheelbarrow

la brouette

trough

la cuve

milk can

le pot à lait

sack

le sac

fence

la clôture

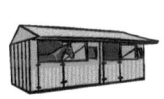

stable

l'étable

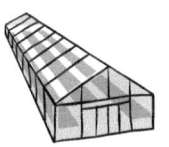

greenhouse

la serre

soil

le sol

seed

les semences

fertilizer

l'engrais

combine harvester

la moissonneuse-batteuse

farm - la ferme

harvest

récolter

harvest

la récolte

yams

l'igname

wheat

le blé

soy

le soja

potato

la pomme de terre

corn

le maïs

rapeseed

le colza

fruit tree

l'arbre fruitier

cassava

le manioc

cereals

les céréales

house
la maison

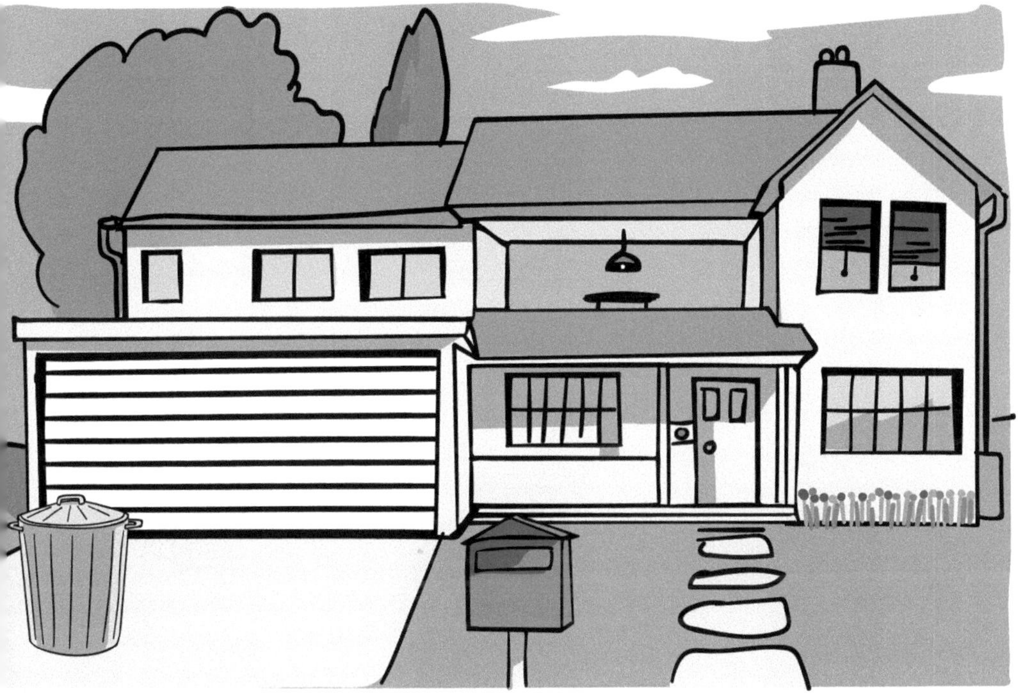

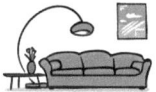

living room

le salon

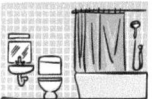

bathroom

la chambre de bain

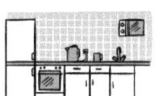

kitchen

la cuisine

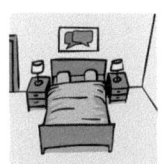

bedroom

la chambre à coucher

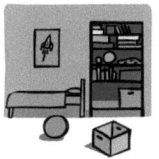

child's room

la chambre d'enfant

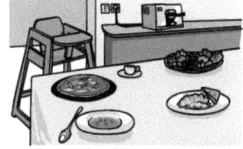

dining room

la salle à manger

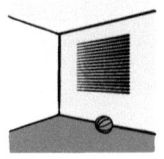

floor

le sol

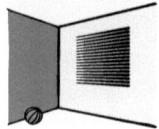

wall

le mur

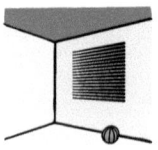

ceiling

le plafond

cellar

la cave

sauna

le sauna

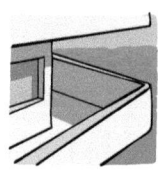

balcony

le balcon

terrace

la terrasse

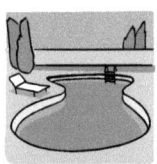

pool

la piscine

lawn mower

la tondeuse à gazon

sheet

la fourre de duvet

bedspread

la couette

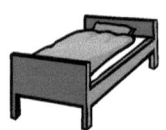

bed

le lit

broom

le balai

bucket

le sceau

switch

l'interrupteur

living room
le salon

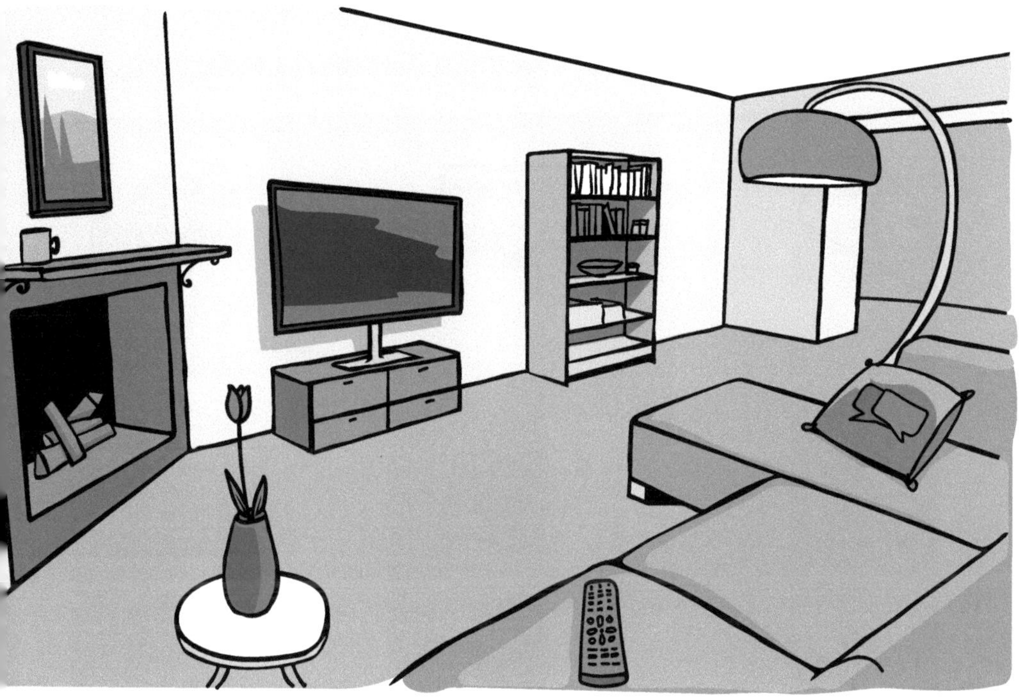

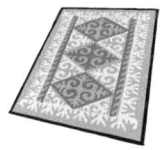

carpet

le tapis

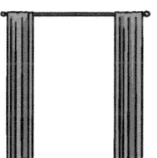

curtain

le rideau

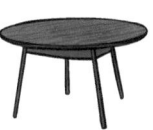

table

la table

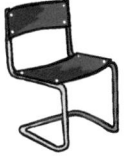

chair

la chaise

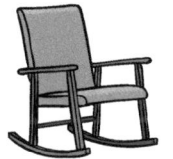

rocking chair

la chaise à bascule

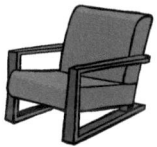

armchair

le fauteuil

book

le livre

blanket

la couverture

decoration

la décoration

firewood

le bois de chauffage

film

le film

hi-fi equipment

la chaîne hi-fi

key

la clé

newspaper

le journal

painting

la peinture

poster

le poster

radio

la radio

notepad

le bloc-notes

hoover

l'aspirateur

cactus

le cactus

candle

la bougie

kitchen
la cuisine

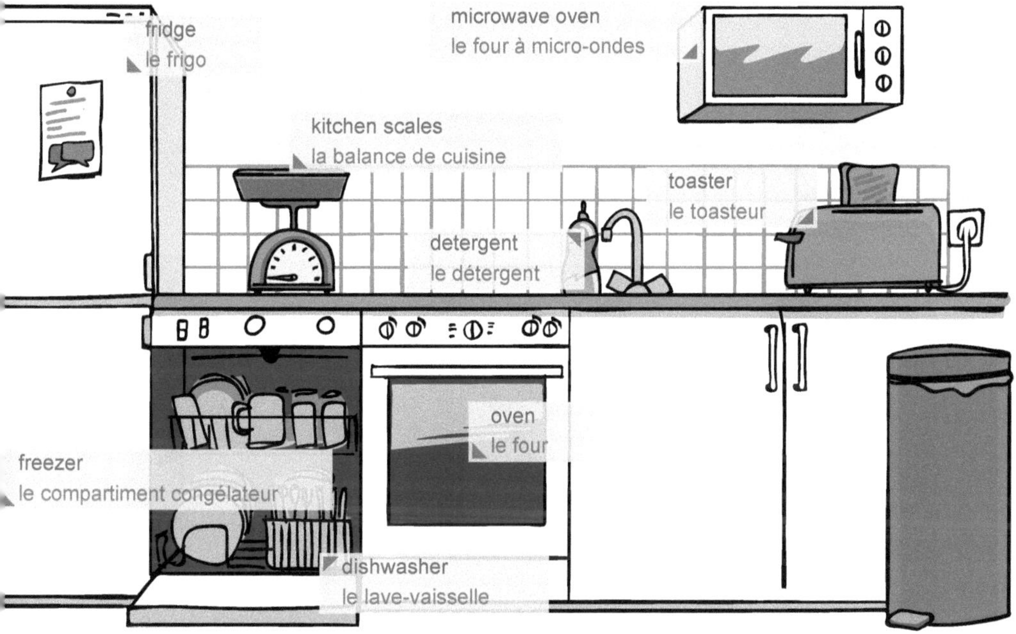

fridge
le frigo
microwave oven
le four à micro-ondes
kitchen scales
la balance de cuisine
toaster
le toasteur
detergent
le détergent
oven
le four
freezer
le compartiment congélateur
dishwasher
le lave-vaisselle

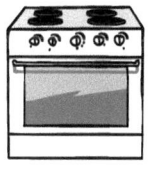

cooker
le four

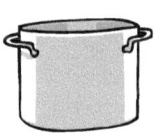

pot
la casserole

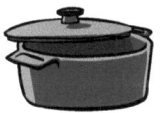

cast-iron pot
la marmite

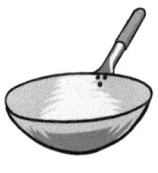

wok / kadai
le wok/kadai

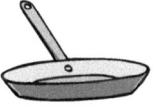

pan
la poêle

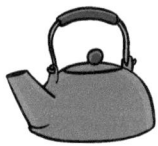

kettle
la bouilloire électrique

steamer

le cuiseur vapeur

baking tray

la plaque de cuisson

crockery

la vaisselle

mug

le gobelet

bowl

le bol

chopsticks

les baguettes

ladle

la louche

spatula

la spatule

whisk

le fouet

strainer

la passoire

sieve

le tamis

grater

la râpe

mortar

le mortier

barbecue

le barbecue

open fire

la cheminée

chopping board
la planche à découper

rolling pin
le rouleau à pâtisserie

corkscrew
le tire-bouchon

can
la boîte

can opener
l'ouvre-boîte

pot holder
les maniques

sink
le lavabo

brush
la brosse

sponge
l'éponge

blender
le mixeur

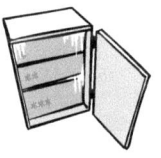

deep freezer
le congélateur

baby bottle
le biberon

tap
le robinet

la chambre de bain

heating
le chauffage

towel
la serviette

shower
la douche

bubble bath
le bain moussant

shower curtain
le rideau de douche

bathtub
la baignoire

glass
le verre

washing machine
la machine à laver

tiles
le carrelage

tap
le robinet

potty
le pot

sink
le lavabo

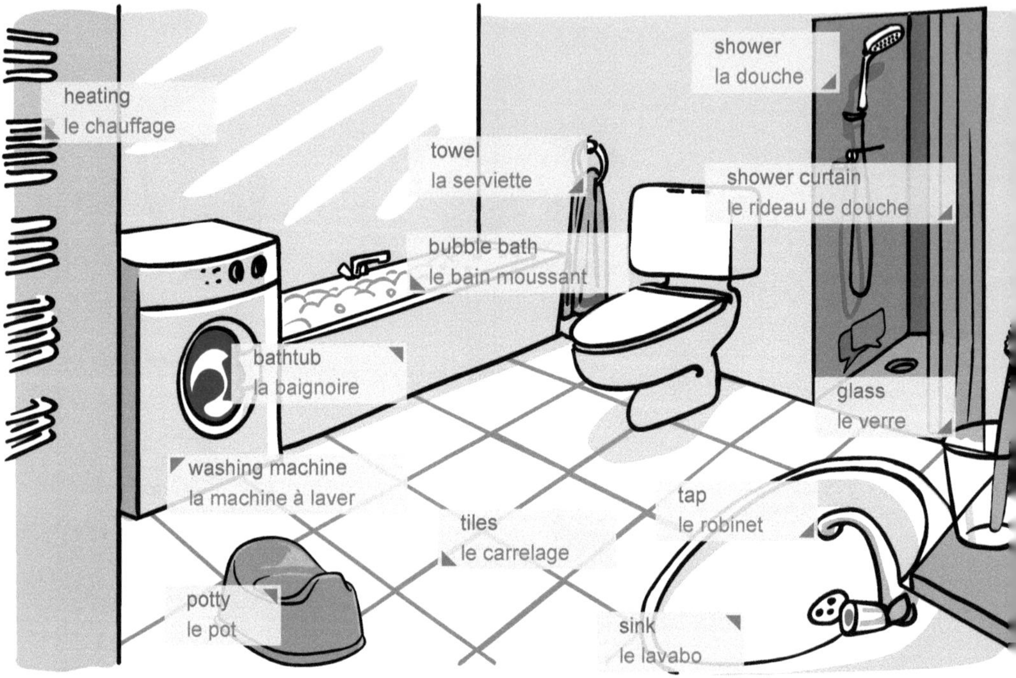

toilet
les toilettes

squat toilet
la toilette à la turque

bidet
le bidet

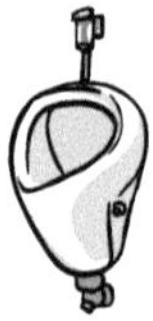

urinal
l'urinoir

toilet paper
le papier toilette

toilet brush
la brosse à toilette

toothbrush

la brosse à dents

toothpaste

le dentifrice

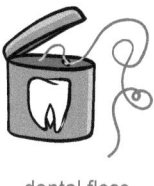

dental floss

le fil dentaire

wash

laver

handheld shower

la douche manuelle

douche

la douche intime

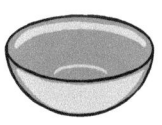

basin

la vasque

back brush

la brosse dorsale

soap

le savon

shower gel

le gel douche

shampoo

le shampooing

flannel

le gant de toilette

drain

l'écoulement

cream

la crème

deodorant

le déodorant

mirror

le miroir

hand mirror

le miroir cosmétique

razor

le rasoir

shaving foam

la mousse à raser

aftershave

l'après-rasage

comb

la peigne

brush

la brosse

hair dryer

le sèche-cheveux

hairspray

la laque pour cheveux

makeup

le fond de teint

lipstick

le rouge à lèvres

nail varnish

le vernis à ongles

cotton wool

l'ouate

nail scissors

le coupe-ongles

perfume

le parfum

bathroom - la chambre de bain

washbag

la trousse de toilette

stool

le tabouret

weighing scale

la balance

bathrobe

le peignoir

rubber gloves

les gants de nettoyage

tampon

le tampon

sanitary towel

es serviettes hygiéniques

chemical toilet

la toilette chimique

child's room
la chambre d'enfant

alarm clock
le réveil
cuddly toy
le doudou
toy car
la voiture jouet
rattle
le hochet
doll's house
la maison de poupée
present
le cadeau

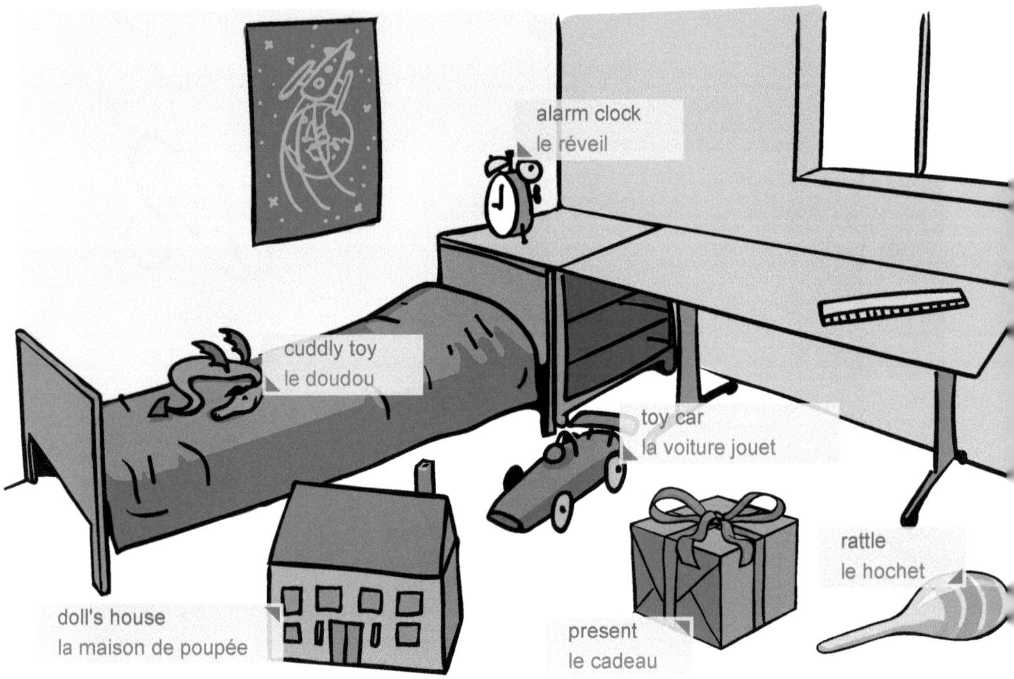

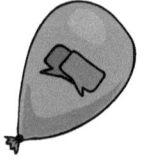

balloon

le ballon

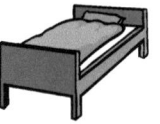

bed

le lit

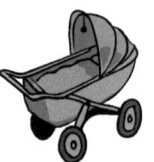

pram

la poussette

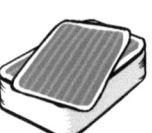

deck of cards

le jeu de cartes

jigsaw

le puzzle

SUPER
MEGA

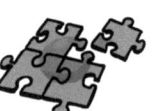

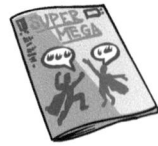

comic

la bande dessinée

lego bricks

les pièces lego

building blocks

les blocs de construction

action figure

la figurine

babygrow

la grenouillère

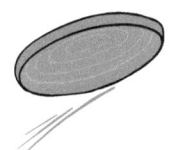

frisbee

le frisbee

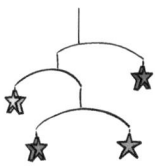

mobile

le mobile

board game

le jeu de société

dice

le dé

model train set

le train miniature

dummy

la sucette

party

la fête

picture book

le livre d'images

ball

la balle

doll

la poupée

play

jouer

sandpit

le bac à sable

swing

la balançoire

toys

les jouets

video game console

la console de jeu

tricycle

le tricycle

teddy bear

l'ours en peluche

wardrobe

l'armoire

clothing

les vêtements

socks

les chaussettes

stockings

les bas

tights

le collant

scarf
l'écharpe

umbrella
le parapluie

t-shirt
le t-shirt

belt
la ceinture

boots
les bottes

slippers
les pantoufles

trainers
les baskets

sandals

les sandales

shoes

les chaussures

rubber boots

les bottes de caoutchouc

underpants

le linge de corps

bra

le soutien-gorge

vest

le maillot de corps

body

le body

trousers

le pantalon

jeans

le jean

skirt

la jupe

blouse

le chemisier

shirt

la chemise

pullover

le pull

hoodie

le pull-over à capuche

blazer

la veste

jacket

la veste

coat

le manteau

raincoat

l'imperméable

costume

le costume

dress

la robe

wedding dress

la robe de mariée

suit

le costume

nightgown

la chemise de nuit

pyjamas

le pyjama

sari

le sari

headscarf

le foulard

turban

le turban

burqa

la burqa

kaftan

le caftan

abaya

l'abaya

swimsuit

le maillot de bain

trunks

le costume de bain

shorts

les cuissettes

tracksuit

la tenue d'entraînement

apron

le tablier

gloves

les gants

button

le bouton

glasses

les lunettes

bracelet

le bracelet

necklace

le collier

ring

la bague

earring

la boucle d'oreille

cap

le bonnet

coat hanger

le cintre

hat

le chapeau

tie

la cravate

zip

la fermeture éclair

helmet

le casque

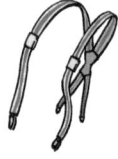

braces

les bretelles

school uniform

l'uniforme scolaire

uniform

l'uniforme

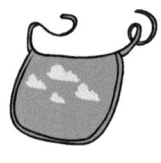

bib

le bavoir

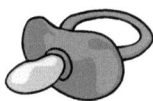

dummy

la sucette

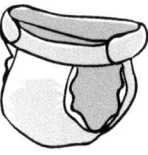

nappy

la couche

office

le bureau

server
le serveur
filing cabinet
l'armoire d'archivage
printer
l'imprimante
paper
le papier
monitor
l'écran
mouse
la souris
desk
le bureau
folder
le classeur
keyboard
le clavier
chair
la chaise
waste-paper basket
la corbeille à papier
computer
l'ordinateur

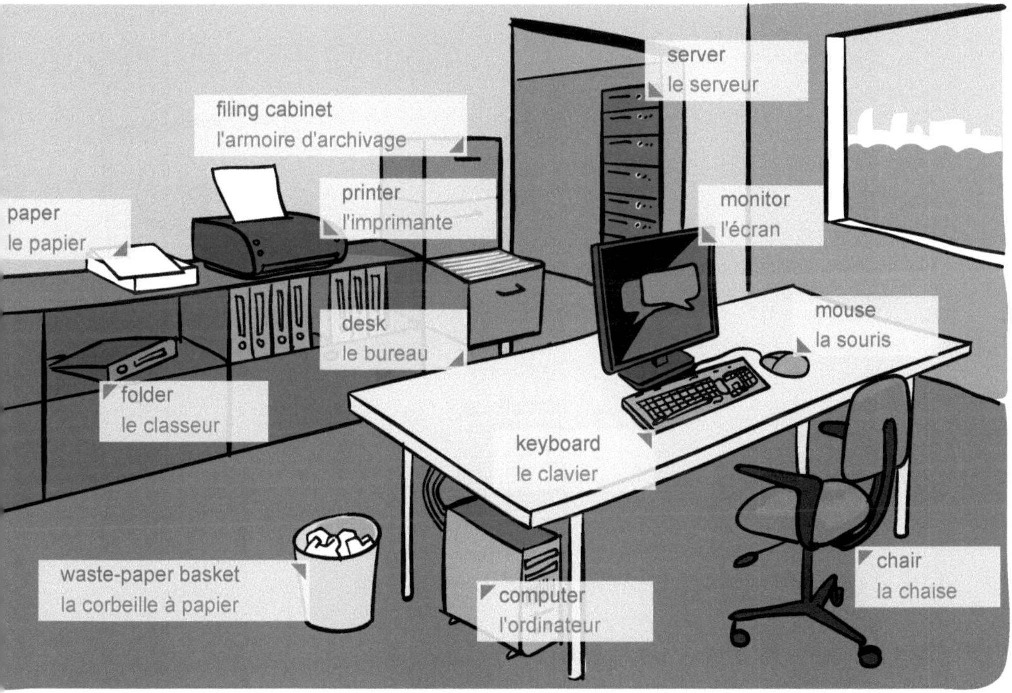

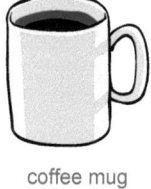

coffee mug

la tasse à café

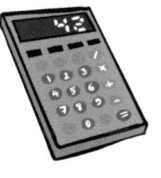

calculator

la calculatrice

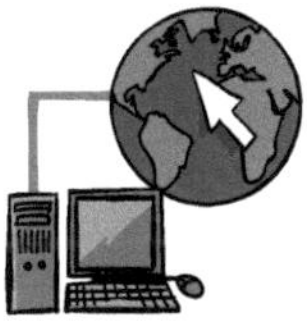

internet

l'internet

laptop

l'ordinateur portable

letter

la lettre

message

le message

mobile

le portable

network

le réseau

photocopier

la photocopieuse

software

le logiciel

telephone

le téléphone

plug socket

la prise

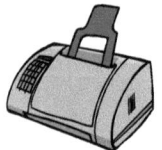

fax machine

le fax

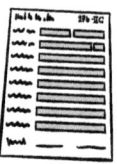

form

le formulaire

document

le document

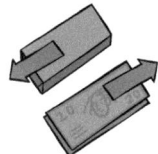

buy

acheter

pay

payer

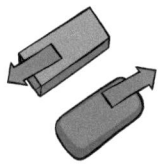

trade

marchander

money

la monnaie

dollar

le dollar

euro

l'euro

yen

le yen

rouble

le rouble

Swiss franc

le franc suisse

renminbi yuan

le renminbi yuan

rupee

la roupie

cashpoint

le distributeur automatique

bureau de change

le bureau de change

gold

l'or

silver

l'argent

oil

le pétrole

energy

l'énergie

price

le prix

contract

le contrat

tax

la taxe

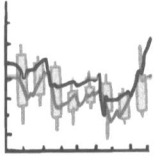

stock

l'action

work

travailler

employee

l'employé

employer

l'employeur

factory

l'usine

shop

le magasin

economy - l'économie

occupations
les professions

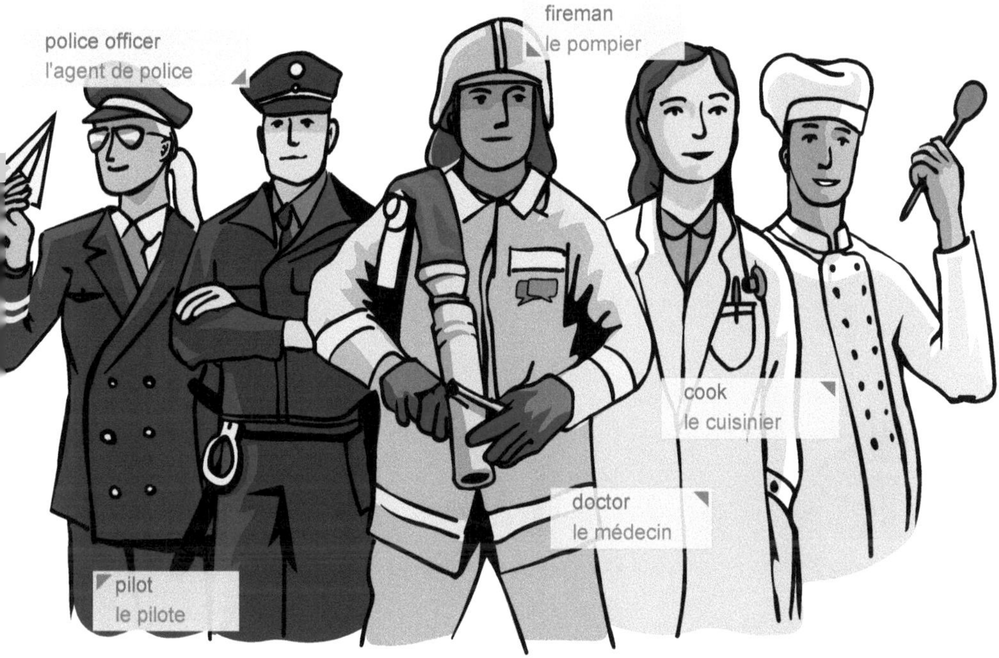
fireman
le pompier
police officer
l'agent de police
cook
le cuisinier
doctor
le médecin
pilot
le pilote

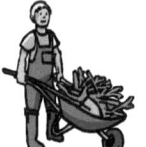

gardener

le jardinier

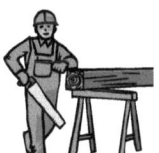

carpenter

le menuisier

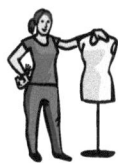

seamstress

la couturière

judge

le juge

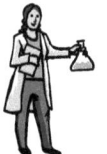

chemist

le chimiste

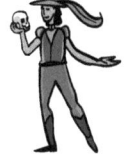

actor

l'acteur

bus driver

le conducteur de bus

taxi driver

le chauffeur de taxi

fisherman

le pêcheur

cleaning lady

la femme de ménage

roofer

le couvreur

waiter

le serveur

hunter

le chasseur

painter

le peintre

baker

le boulanger

electrician

l'électricien

builder

l'ouvrier

engineer

l'ingénieur

butcher

le boucher

plumber

le plombier

postman

le facteur

soldier

le soldat

architect

l'architecte

cashier

le caissier

florist

le fleuriste

hairdresser

le coiffeur

conductor

le contrôleur

mechanic

le mécanicien

captain

le capitaine

dentist

le dentiste

scientist

le scientifique

rabbi

le rabbin

imam

l'imam

monk

le moine

clergyman

le prêtre

tools
les outils

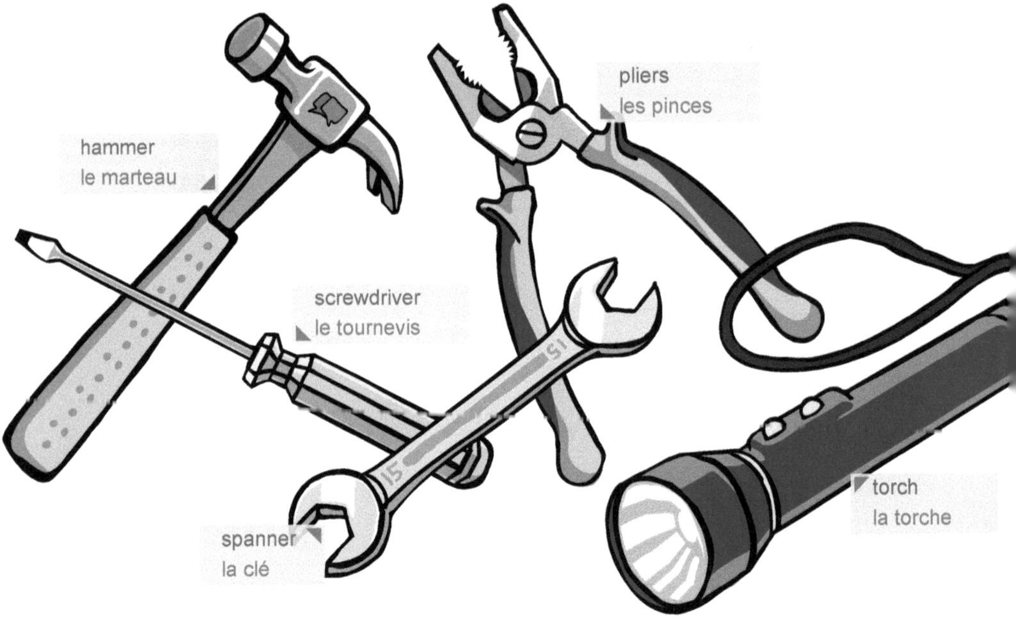
hammer
le marteau
pliers
les pinces
screwdriver
le tournevis
spanner
la clé
torch
la torche

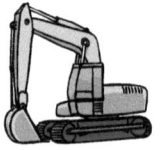

digger

la pelleteuse

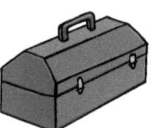

toolbox

la boîte à outils

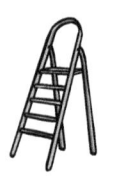

ladder

l'échelle

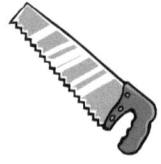

saw

la scie

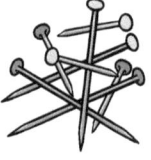

nails

les clous

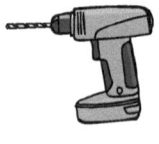

drill

la perceuse

repair

réparer

shovel

la pelle

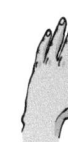

Damn!

Mince!

dustpan

la pelle

paint pot

le pot de peinture

screws

les vis

musical instruments
les instruments de musique

loudspeaker
le haut-parleur

drum kit
la batterie

double bass
la contrebasse

trumpet
la trompette

guitar
la guitare

piano

le piano

violin

le violon

bass

la basse

timpani

les timbales

drums

le tambour

keyboard

le piano électrique

saxophone

le saxophone

flute

la flûte

microphone

le microphone

zoo

le zoo

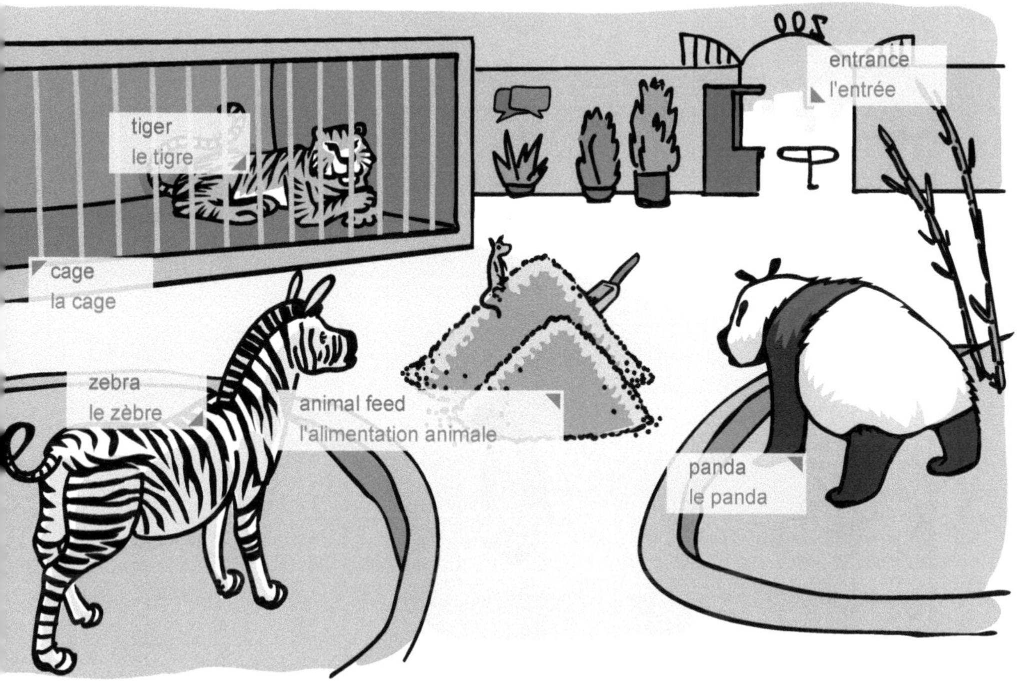

entrance
l'entrée
tiger
le tigre
cage
la cage
zebra
le zèbre
animal feed
l'alimentation animale
panda
le panda

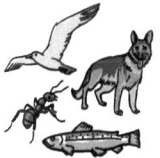

animals

les animaux

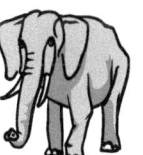

elephant

l'éléphant

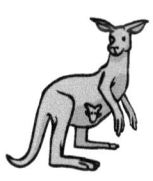

kangaroo

le kangourou

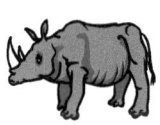

rhino

le rhinocéros

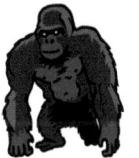

gorilla

le gorille

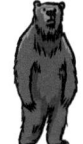

bear

l'ours

camel

le chameau

ostrich

l'autruche

lion

le lion

monkey

le singe

flamingo

le flamand rose

parrot

le perroquet

polar bear

l'ours polaire

penguin

le pingouin

shark

le requin

peacock

le paon

snake

le serpent

crocodile

le crocodile

zookeeper

le gardien de zoo

seal

le phoque

jaguar

le jaguar

pony

le poney

leopard

le léopard

hippo

l'hippopotame

giraffe

la girafe

eagle

l'aigle

boar

le sanglier

fish

le poisson

turtle

la tortue

walrus

le morse

fox

le renard

gazelle

la gazelle

American football
l'american Football

cycling
le cyclisme

tennis
le tennis

basketball
le basket-ball

swimming
la natation

boxing
la boxe

ice hockey
le hockey sur glace

football
le football

badminton
le badminton

athletics
l'athlétisme

handball
le handball

skiing
le ski

polo
le polo

activities
les activités

laugh
rire
jump
sauter
hug
embrasser
walk
marcher
sing
chanter
dream
rêver
pray
prier
kiss
faire la bise

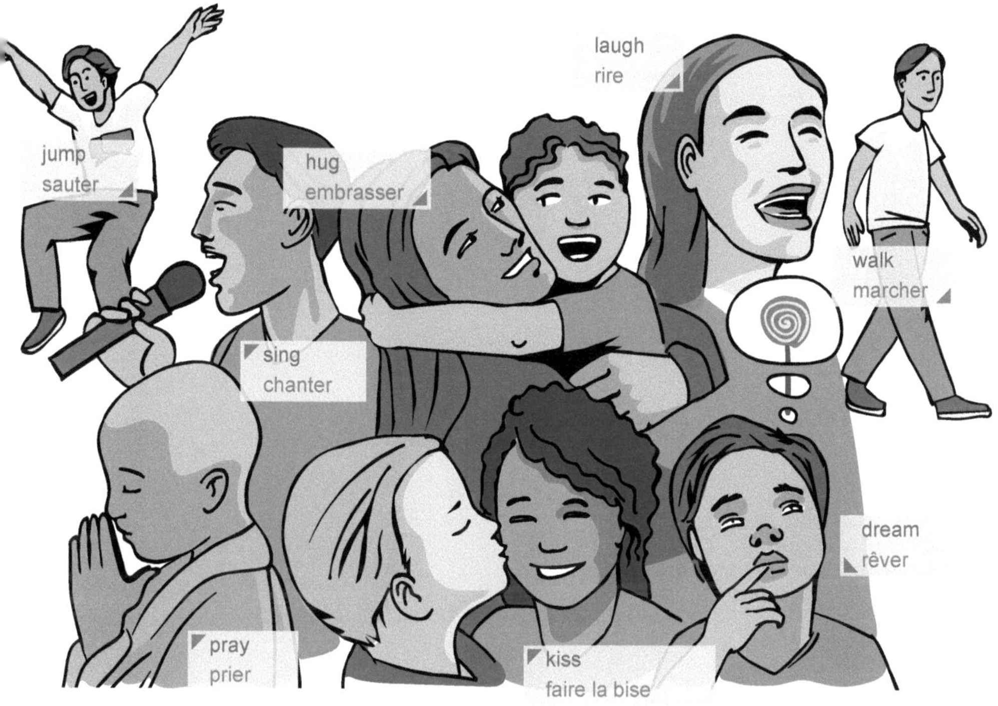

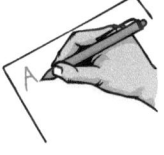

write
écrire

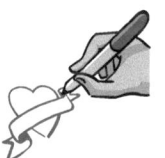

draw
dessiner

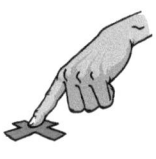

show
montrer

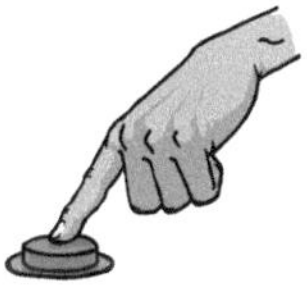

push
pousser

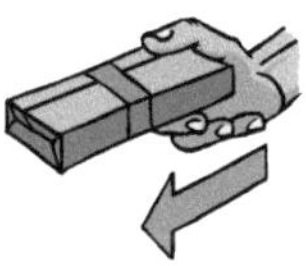

give
donner

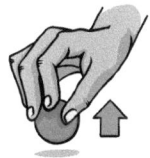

take
prendre

have

avoir

do

faire

be

être

stand

être debout

run

courir

pull

trier

throw

jeter

fall

tomber

lie

être couché

wait

attendre

carry

porter

sit

être assis

get dressed

s'habiller

sleep

dormir

wake up

se réveiller

activities - les activités

look at

regarder

cry

pleurer

stroke

caresser

comb

peigner

talk

parler

understand

comprendre

ask

demander

listen

écouter

drink

boire

eat

manger

tidy up

ranger

love

aimer

cook

cuire

drive

conduire

fly

voler

sail

faire de la voile

calculate

calculer

read

lire

learn

apprendre

work

travailler

marry

se marier

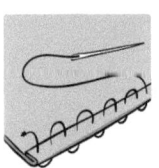

sew

coudre

brush teeth

se brosser les dents

kill

tuer

smoke

fumer

send

envoyer

family
la famille

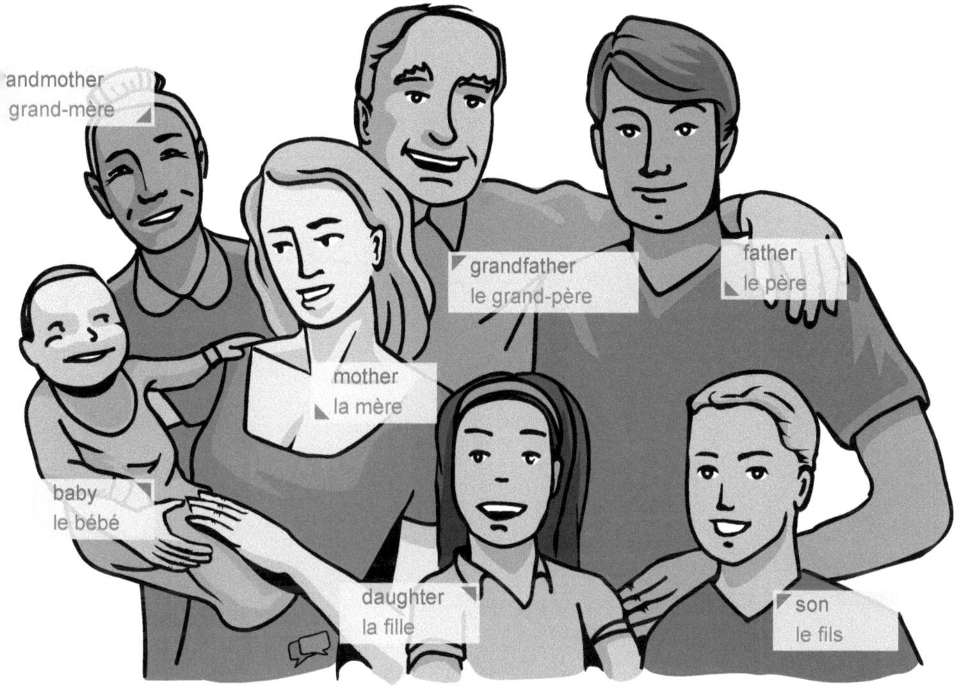

andmother
grand-mère
grandfather
le grand-père
father
le père
mother
la mère
baby
le bébé
daughter
la fille
son
le fils

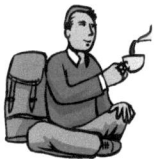

guest

l'hôte

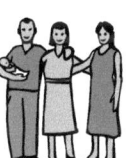

aunt

la tante

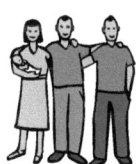

uncle

l'oncle

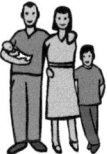

brother

le frère

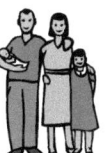

sister

la sœur

body

le corps

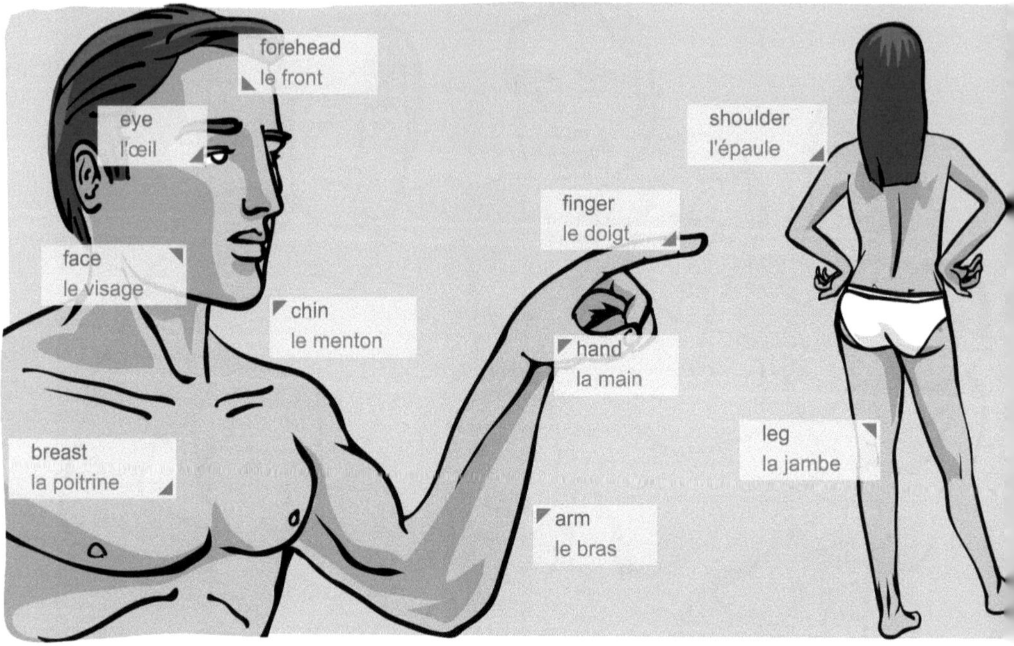

forehead
le front

eye
l'œil

shoulder
l'épaule

finger
le doigt

face
le visage

chin
le menton

hand
la main

breast
la poitrine

leg
la jambe

arm
le bras

baby

le bébé

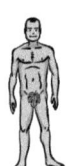

man

l'homme

woman

la femme

girl

la fille

boy

le garçon

head

la tête

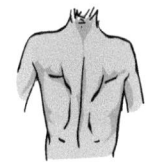

back

le dos

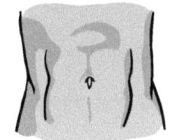

belly

le ventre

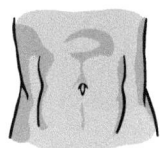

belly button

le nombril

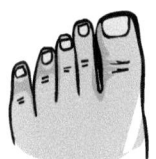

toe

l'orteil

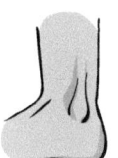

heel

le talon

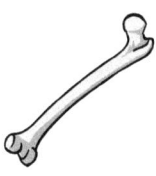

bone

l'os

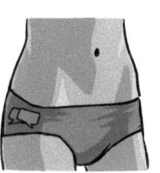

hip

la hanche

knee

le genou

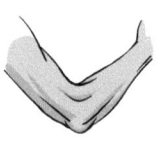

elbow

le coude

nose

le nez

bottom

les fesses

skin

la peau

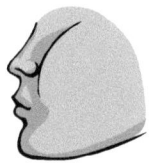

cheek

la joue

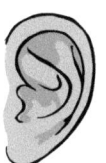

ear

l'oreille

lip

la lèvre

body - le corps

mouth

la bouche

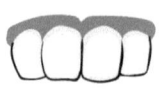

tooth

la dent

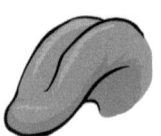

tongue

la langue

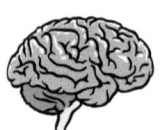

brain

le cerveau

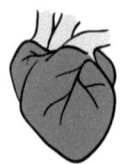

heart

le cœur

muscle

le muscle

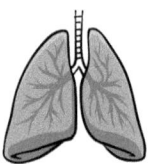

lung

les poumons

liver

le foie

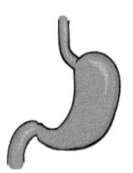

stomach

l'estomac

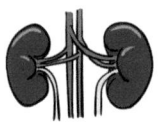

kidneys

les reins

sex

le rapport sexuel

condom

le préservatif

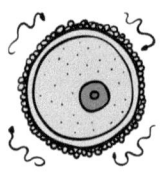

ovum

l'ovule

semen

le sperme

pregnancy

la grossesse

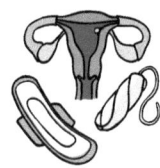

menstruation

la menstruation

vagina

le vagin

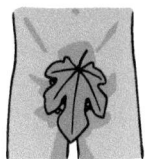

penis

le pénis

eyebrow

le sourcil

hair

les cheveux

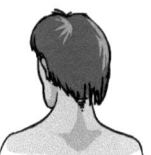

neck

le cou

hospital
l'hôpital

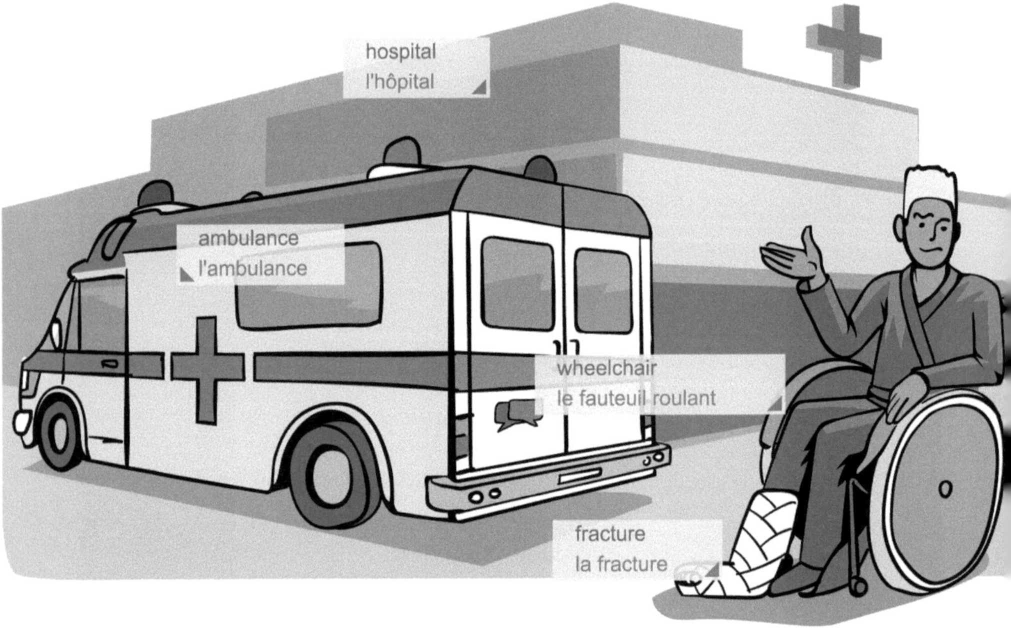

hospital
l'hôpital
ambulance
l'ambulance
wheelchair
le fauteuil roulant
fracture
la fracture

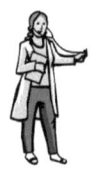

doctor
le médecin

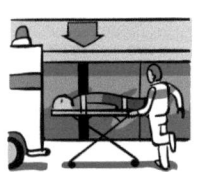

emergency room
le service des urgences

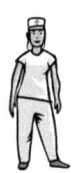

nurse
l'infirmière

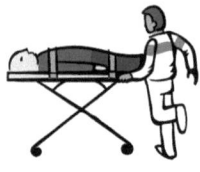

emergency
l'urgence

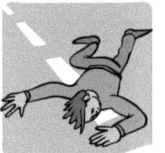

unconscious
inconscient

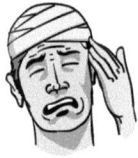

pain
la douleur

injury
la blessure

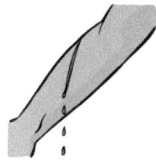

bleeding
l'hémorragie

heart attack
la crise cardiaque

stroke
l'attaque cérébrale

allergy
l'allergie

cough
la toux

fever
la fièvre

flu
la grippe

diarrhoea
la diarrhée

headache
le mal de tête

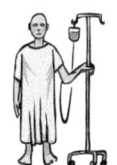

cancer
le cancer

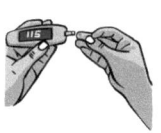

diabetes
le diabète

surgeon
le chirurgien

scalpel
le scalpel

operation
l'opération

CT

le CT

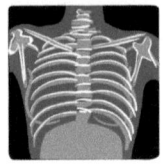

x-ray

la radiographie

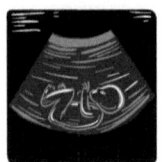

ultrasound

l'échographie

face mask

le masque

disease

la maladie

waiting room

la salle d'attente

crutch

la béquille

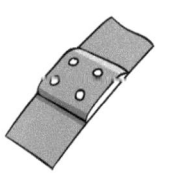

plaster

le pansement

bandage

le pansement

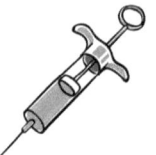

injection

l'injection

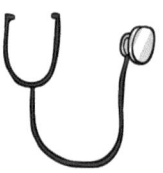

stethoscope

le stéthoscope

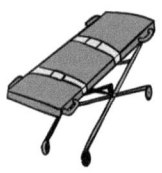

stretcher

le brancard

clinical thermometer

le thermomètre

birth

l'accouchement

overweight

le surpoids

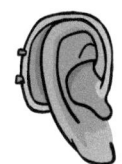

hearing aid

l'appareil auditif

disinfectant

le désinfectant

infection

l'infection

virus

le virus

HIV / AIDS

le VIH / le sida

medicine

le médicament

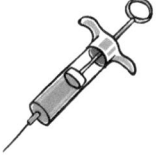

vaccination

la vaccination

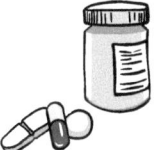

tablets

les tablettes

pill

la pilule

emergency call

l'appel d'urgence

blood pressure monitor

le tensiomètre

ill / healthy

malade / sain

Help!
Au secours!

alarm
l'alarme

assault
l'agression

attack
l'attaque

danger
le danger

emergency exit
la sortie de secours

Fire!
Au feu!

fire extinguisher
l'extincteur

accident
l'accident

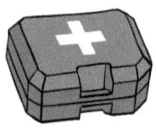

first-aid kit
la trousse de premier
secours

SOS
SOS

police
la police

Europe

l'Europe

North America

l'Amérique du Nord

South America

l'Amérique du Sud

Africa

l'Afrique

Asia

l'Asie

Australia

l'Australie

Atlantic

l'Océan atlantique

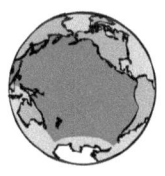

Pacific

l'Océan pacifique

Indian Ocean

l'Océan indien

Antarctic Ocean

l'Océan antarctique

Arctic Ocean

l'Océan arctique

North Pole

le Pôle nord

South Pole
le Pôle sud

Antarctica
l'Antarctique

Earth
la terre

land
le pays

sea
la mer

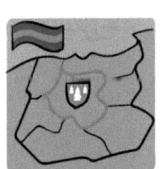

island
l'île

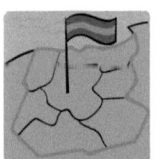

nation
la nation

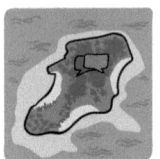

state
l'état

clock face

le cadran

hour hand

l'aiguille des heures

minute hand

l'aiguille des minutes

second hand

l'aiguille des secondes

What time is it?

Quelle heure est-il?

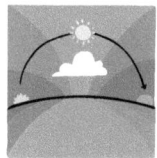

day

le jour

time

le temps

now

maintenant

digital watch

la montre digitale

minute

la minute

hour

l'heure

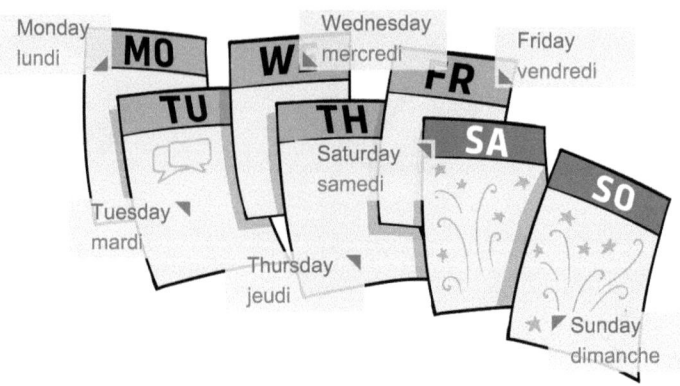

Monday lundi — MO
Tuesday mardi — TU
Wednesday mercredi — W
Thursday jeudi — TH
Friday vendredi — FR
Saturday samedi — SA
Sunday dimanche — SO

yesterday

hier

today

aujourd'hui

tomorrow

demain

morning

le matin

noon

le midi

evening

le soir

business days

les jours ouvrables

weekend

le week-end

year
l'année

rain
la pluie
spring
le printemps
summer
l'été
wind
le vent
autumn
l'automne
snow
la neige
winter
l'hiver

4.APRIL 11°
5.APRIL 4°
6.APRIL 13°
7.APRIL 8°
8.APRIL 10°

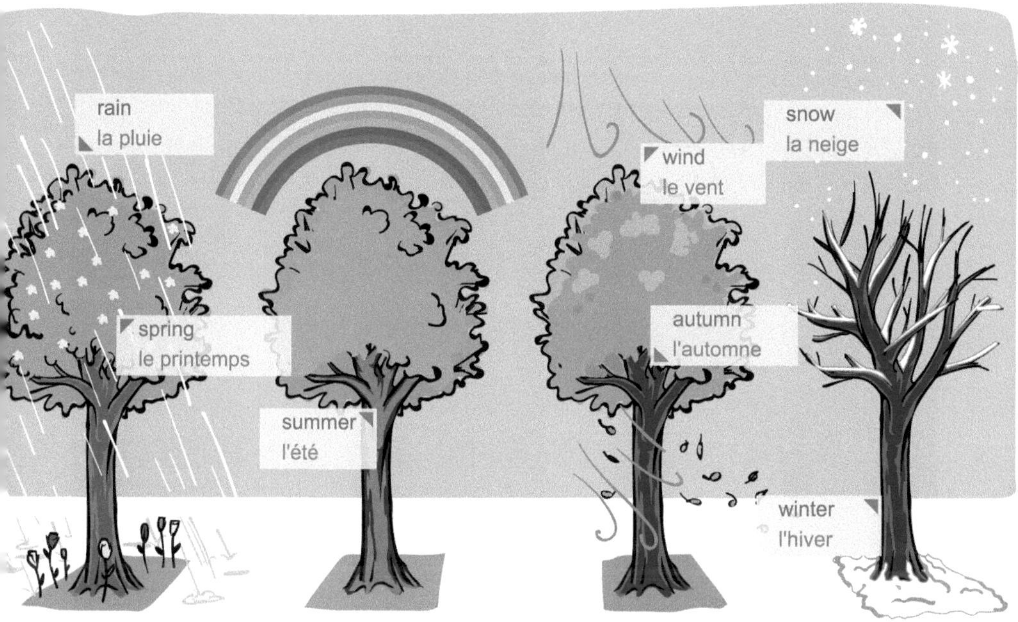

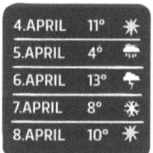

weather forecast

la météo

F
C
120
90
60
30
0
-30
40
30
20
10
0
-10
-20

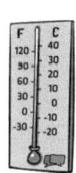

thermometer

le thermomètre

sunshine

la lumière du soleil

cloud

le nuage

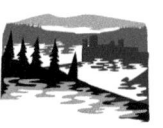

fog

le brouillard

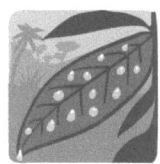

humidity

l'humidité

lightning

la foudre

thunder

le tonnerre

storm

la tempête

hail

la grêle

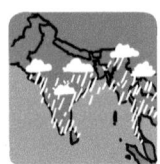

monsoon

la mousson

flood

l'inondation

ice

la glace

January

janvier

February

février

March

mars

April

avril

May

mai

June

juin

July

juillet

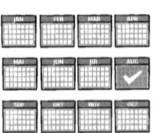

August

août

year - l'année

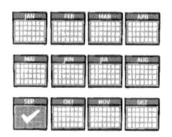

September
....
septembre

October
....
octobre

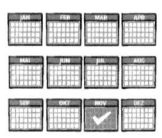

November
....
novembre

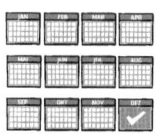

December
....
décembre

circle
....
le cercle

square
....
le carré

rectangle
....
le rectangle

triangle
....
le triangle

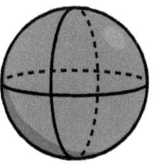

sphere
....
la sphère

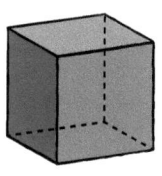

cube
....
le cube

colours

les couleurs

white

blanc

yellow

jaune

orange

orange

pink

rose

red

rouge

purple

violet

blue

bleu

green

vert

brown

marron

grey

gris

black

noir

a lot / a little

beaucoup / peu

angry / calm

fâché / calme

beautiful / ugly

joli / laid

beginning / end

le début / la fin

big / small

grand / petit

bright / dark

clair / obscure

brother / sister

le frère / la sœur

clean / dirty

propre / sale

complete / incomplete

complet / incomplet

day / night

le jour / la nuit

dead / alive

mort / vivant

wide / narrow

large / étroit

edible / inedible

comestible / incomestible

evil / kind

méchant / gentil

excited / bored

excité / ennuyé

fat / thin

gros / mince

first / last

le premier / le dernier

friend / enemy

l'ami / l'ennemi

full / empty

plein / vide

hard / soft

dur / souple

heavy / light

lourd / léger

hunger / thirst

faim / soif

ill / healthy

malade / sain

illegal / legal

illégal / légal

intelligent / stupid

intelligent / stupide

left / right

gauche / droite

near / far

proche / loin

new / used
nouveau / usé

nothing / something
rien / quelque chose

old / young
vieux / jeune

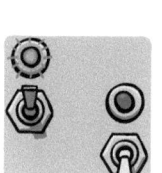

on / off
marche / arrêt

open / closed
ouvert / fermé

quiet / loud
faible / fort

rich / poor
riche / pauvre

right / wrong
correct / incorrect

rough / smooth
rugueux / lisse

sad / happy
triste / heureux

short / long
court / long

slow / fast
lent / rapide

wet / dry
mouillé / sec

warm / cool
chaud / froid

war / peace
la guerre / la paix

numbers
les nombres

0

zero

zéro

1

one

un

2

two

deux

3

three

trois

4

four

quatre

5

five

cinq

6

six

six

7

seven

sept

8

eight

huit

9

nine

neuf

10

ten

dix

11

eleven

onze

12

twelve
douze

13

thirteen
treize

14

fourteen
quatorze

15

fifteen
quinze

16

sixteen
seize

17

seventeen
dix-sept

18

eighteen
dix-huit

19

nineteen
dix-neuf

20

twenty
vingt

100

hundred
cent

1.000

thousand
mille

1.000.000

million
le million

English

l'anglais

American English

l'anglais américain

Chinese Mandarin

le chinois mandarin

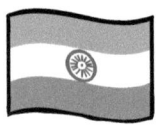

Hindi

le hindi

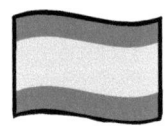

Spanish

l'espagnol

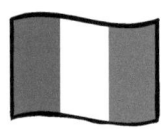

French

le français

Arabic

l'arabe

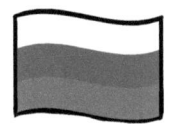

Russian

le russe

Portuguese

le portugais

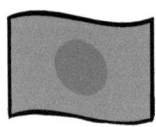

Bengali

le bengali

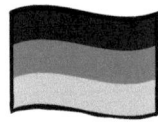

German

l'allemand

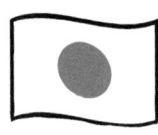

Japanese

le japonais

I
je

you
tu

he / she / it
il / elle

we
nous

you
vous

they
ils / elles

who?
qui?

what?
quoi?

how?
comment?

where?
où?

when?
quand?

name
le nom

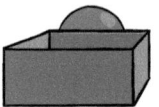

behind

derrière

in

dans

in front of

devant

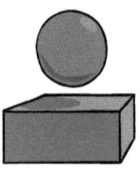

over

au-dessus

on

sur

under

en-dessous

beside

à côté de

between

entre

place

le lieu